AMERICA: SOME ASSEMBLY REQUIRED

30-Second American History

Copyrighted on the 17th of January 2018

By: Anna Maria Riezinger

c/o Box 520994

Big Lake, Alaska 99652

avannavon@gmail.com

(907) 250-5087

To: Donald J. Trump
President of the United States of America
& President of the United States
1600 Pennsylvania Avenue Northwest
Washington, DC

All rights reserved.

WARNING!!!!!!!

This little monograph was prepared for President Donald J. Trump, and strictly speaking, it is addressed to him. It's set up in one-page, 30-seconds each page, sound-bite format, so that a busy Executive can quickly read each bit and build up the whole picture like a puzzle.

That being said, it's not only information needed by Mr. Trump....

The really important points I repeat several times in slightly different ways. Forgive that bit of tedium and be grateful for it.

I have made no effort beyond a cursory naming and dating to give reference citations, except for a few relatively new or unknown cites that don't appear elsewhere in my writings. All the proof needed is already well-established in the public record and anyone can find it, just as I did, by looking for it.

My dog is senile. He has taken to wandering around aimlessly from room to room, pausing, and giving a single "Woof!" It seems to express all the questions in the world: "Where am I?" "How did I get here?" "Have I been fed yet?" "Why did I come here?" "What was I doing— or meaning to do?"

These are the sort of questions this monograph addresses, providing a logical framework showing how our government is supposed to be structured, how it is in fact structured, how it came to be this way, and ——in a very prosaic way, what needs to be done to fix it.

For most of you who missed Eighth Grade American History, this will be all brand new. For some of you, it will stir vague remembrances. For almost everyone it will be our history as seen from a new viewpoint—that of a businessman looking at the business entities and relationships that have formed the federal government in America.

30 Second American History -1

The Supreme Republican Declaration of the United Colonies of America (1775) declares the republican nature of the colonies and claims right of self-defense for each colony (farm family assembly).

The colonies claimed their air (global), soil and land (national), and sea (international) jurisdictions by **natural right** in the same way that individual people have the right to self-defense.

The Unanimous Declaration of These United American Colonies published July 4, 1776 declares the nation-states (people plus soil within prescribed boundaries). Each former colony issues its own non-enumerated declaration defining Georgia, Virginia, Maine, etc.

The new **nation-states** combined forces to fight the Revolutionary War and chose a name: **"The United States of America"** for their unincorporated **union** on **September 9, 1776**.

The United States of America (unincorporated) is fully sovereign; it functions as a Holding Company for the nation-states. The new **states** had plenary jurisdiction over the **soil** and via **The United States of America**, claim to their international and global jurisdictions, too.

Take home messages: (1) our **republican nation-states** are formed by **declarations** not by constitutions; (2) **The United States of America** (unincorporated) is the **first and last union** formed by our **nation-states**. (3) **The United States of America** is the **Proper Name** of our country in international terms and exercises the sovereign (that is, unincorporated) power of the nation-states. All power flows from the **people** to the **counties** to the **nation-states** to **The United States of America** (unincorporated) and thence to **federal subsidiaries**.

30 Second American History - 2

The United States of America (unincorporated) **subcontracted** with several **subsidiary organizations** to provide specific government services: the **States of America** (international land jurisdiction); (2) the **United States of America** (international sea jurisdiction); and (3) the **United States** (air jurisdiction).

The **Constitution for the united States of America** resulting from the **Treaty of Paris 1778** (Spanish King) is the **Original Equity Contract** and **National Constitution**. This governs the delegated international land jurisdiction giving rise to the **United States National Government**.

The **Constitution of the United States of America** resulting from the Treaty of Paris 1783 (British King) is the original **Territorial Constitution**. This governs the delegated international sea jurisdiction giving rise to the **Territorial United States Government**.

"**The Constitution of the United States**" resulting from the **Jay Treaty** is the original **Municipal Constitution**. This governs delegated global air jurisdiction giving rise to the **Municipal United States Government**.

Take home messages: (1) the **National Government, Territorial Government,** and **Municipal Government** all function in **international jurisdictions** — land, sea, and air, respectively, and they all function as **subsidiaries** and **subcontractors** of The United States of America operating under **delegated powers** explicitly **enumerated** in each of their constitutions. (2) It is already easy to see how "**United States**" became a **catch-all term** and why it is necessary to define which "**United States**" and which "**United States Government**" and which "**United States of America**" we are talking about at any given time.

30 Second American History – 3

By 1791 all (3) **three levels of federal government** are present in addition to the **nation-states** governments: **National** (international land), **Territorial** (international sea), **and Municipal** (global air).

The Constitution for the united States of America creates the **National Government** which **then** defines the **Territorial Government** and the **Municipal Government** (Article I, Section 8, Clause 17).

There is a separate **doing-business-name** for each **federal subsidiary**: **States of America** (land), **United States of America** (sea), and the **United States** (air).

There are also **four** (4) **styles of government** present: the **nation-states** have a **republican style** government, the **States** are **republics**, the territories have a **democracy**, and the municipal government is a **plenary oligarchy**.

The **States of America** was an **American organization** administering our international land jurisdiction. The British-dominated **United States of America** and the Holy See's **United States** organizations were limited to territorial and municipal functions.

Take home messages: (1) all three layers of **federal** government **National, Territorial,** and **Municipal**— are **under contract** to **perform** according to their respective **constitutions**. (2) All three function in either international or global jurisdiction(s) that are **foreign** with respect to the actual **nation-states** of this country. (3) The **nation-states** hold the **soil jurisdiction** of each state which underlies the **land jurisdiction** of the **country** as a whole. (4) **The United States of America** holds **all** international and global powers **in trust** for the **nation-states**, either to **delegate under contract** or to **reserve as non-delegated powers**. It is our **National Trust**.

30 Second American History - 4

All the powers that a government can have are limited to spheres of activity known as **jurisdictions**. These are described in terms of the **location** where they **operate**: soil, land, sea, air. Most recently, the **domain of space** has been added.

When we speak of "**law of the land**" we are talking about the law that applies to the **land jurisdiction** held by a **national government**, which is different than the **law of the sea** which is international in nature, or **law of the air** which is municipal and global. Jurisdictions can **overlap** like layers of a cake and the **same subject matter** can be claimed by more than one jurisdiction, however, **he/she/it** must be operating in a recognizable **capacity** within that jurisdiction.

For example: Some **American nationals** go to work for the **British Territorial United States** (a federal subsidiary) and are required to adopt **Dual Citizenship** while **employed** as a **federal civilian** or **military employee**. Acting as **Americans** they are subject to the **Law of the Land**. Acting as **Federal citizens** they are subject to the **Law of the Sea**.

You can see how certain parties might have an interest in dragging you from one jurisdiction to another, in order to **obligate** and **subject** you to their laws (and taxes) instead of your own.

Take home messages: (1) you have to **know who you are** and in what **capacity** you are acting. (2) The **federal subsidiaries** have reasons for wanting you to act as a **citizen** and become **subject** to **their laws**. (3) Most of us are not **federal citizens** and need to defend against such **cross-jurisdictional claims** by **declaring permanent domicile** on the **land and soil** of our birth **nation-state** and **recording** it in the **public record** so that nobody can just **presume** that we are acting in the **capacity** of a **federal citizen** and **voluntarily** subjecting ourselves to their **foreign jurisdictions, obligations,** and **laws**.

30 Second American History - 5

When we talk about our relationship with our **federal government service providers** we talk in terms of **service contracts** known as **constitutions** and in terms of **delegated** and **non-delegated powers**.

The various constitutions, **national**, **territorial**, and **municipal**, set aside certain specific powers — **all** in **international or global** jurisdictions, to be exercised by our **federal subsidiaries** doing business as **States of America**, **United States of America**, and **United States**.

There are **nineteen** and **only** nineteen **enumerated** and **delegated** powers that these **federal subsidiaries** are **hired** to **exercise** for us. The **19**th of these powers is the **obligation** stated in the **Preamble** of each constitution to honor and protect our **rights**.

Rights are **material possessions**. They include **copyrights** and **patents** as well as rights we exercise daily, such as the **right of free speech**.

Some powers are **explicitly delegated** to the **federal service providers** to **exercise** in our behalf, and other **non-delegated powers** are reserved by the **nation-states** and the **people**. See **Amendment X**.

Take home messages: (1) federal power is strictly **limited**. (2) The **federal subsidiaries** have only **nineteen specific jobs** to do. (3) If a power is **not delegated in writing,** it is **reserved**. (4) The **nation-states** and **people** reserve the **right** to **reform**, **redefine**, or **restructure** their government, including the **federal government**, at any time. (5) The **living people** have reserved **all** their **natural rights** whether those rights are **enumerated** in the **Bill of Rights** or not.

30 Second American History – 6

The United States of America delegates specific functions and powers to the **subsidiary organizations** doing business as **States of America, United States of America**, and **United States**. The **United States of America** (unincorporated) **reserves** all powers in **international and global jurisdictions** which are **not explicitly delegated in writing.**

As **The United States of America** (unincorporated) is the "sovereign instrumentality" of the actual states and people of this country, it is the **Holder** of all the **delegated international and global powers** owed to the **nation-states and the people**, who are the **Holders in Due Course** of all such powers in **all** jurisdictions.

Take home messages: (1) **The United States of America** is able to **directly exercise** the **rights** of the states and the people that are **not delegated** to the **subsidiaries**. (2) The **union of nation-states** doing business as **The United States of America** is able to **enforce** all three constitutions:

(a) **The Constitution for the united States of America (delegated land)** (b) **The Constitution of the United States of America (delegated sea)**, (c) **The Constitution of the United States (delegated air)**.

(3) If the **delegated duties** are not being performed they **revert back** to **The United States of America**. (4) If a federal subsidiary **fails**, its duties and delegated powers **return** to **The United States of America,** not some other business entity. (5) The exercise of **delegated powers** has to be **assigned in writing**: any **change in services or service providers** has to be **memorialized** via an **Amendment** to the existing constitution or **ratification** of a **new** constitution **by** the **nation-states**. (6) A **constitution** is a **debt agreement** in which one party provides **services** and another party **agrees to pay** for them.

30 Second American History – 7

The **colonies** were by definition **agricultural communities**. The people living in the colonies were **tenants** of the King living on his **soil**. They were obligated to pay **taxes, tithes, fees,** and **rents** for the **privilege** of working the **soil** as **sharecroppers** for the King.

(E)states are the next step up from colonial status; small estates can be owned by **Freedmen** as **freeholds**. Larger estates are owned by a **landlord** under an **allodial** title or **land patent granted** by a King.

Tenants, freemen, and **landlords** in a feudal system are all **subjects** of a King, and all are acting in a **care-taking** or **grantee capacity** with respect to the **soil** and its **hereditaments. Wastelands** were also **granted** as **commonwealth** assets belonging to a **joint tenancy of paupers**.

The Monarch holds the land and soil under **Sovereign Letters Patent**.

Our **nation-states** were created by people acting as **Independent Sovereigns** — meaning that they recognized no King, paid no rents, and possessed the soil as kings in their own right. They don't **owe** it to anyone and are **not indebted** to anyone for its use.

Take home message: (1) Americans were doing something unusual by standing **independent** of the King. (2) **Tenants** (also known as **residents**), **freemen,** and **landlords,** are all **citizens** and are all **subjects** of a King. (3) **Commonwealths** are granted to **paupers** who are both **subjects and dependents** of a King. (4) Under **monarchy** as under **communism**, the **King** acting as the **State** owns everything; **private property** doesn't really exist. (5) **Independent sovereigns** possess the **soil jurisdiction** and hold their **country** in common as **joint sovereigns** but there is only one other time when this happened: after the **death of William the Conqueror** in **1087 A.D.**

30 Second American History – 8

Soil is not the same as **land**. Soil is the physical dirt, rocks, and sand belonging to a place as part of its natural heritage; land is the **description of soil** in terms of **political subdivisions**. Soil is mapped in terms of its topography. Land is mapped in terms of political affiliation.

We will use Georgia of an example: **Georgia is one of the nation-states** that created **The United States of America** (unincorporated). **Georgia** is made of soil and it is **populated** by living people.

The original **Georgia State** was called the **State of Georgia**; it was organized under **The Articles of Confederation (1781)** and operated under **The Constitution for the united States of America**. "Georgia State" today operates under a **Statehood Compact** and is a **land trust** holding the **international land jurisdiction** owed to **Georgia**.

The soil (**state republic jurisdiction**) of Georgia belongs to the **Georgians**; the land (**international land jurisdiction**) is kept in trust by the **Georgia State**. This jurisdiction includes post offices and public lands. **Georgia** is a **matrilineal** republican **nation-state**, while **Georgia State** is a **patrilineal** republic.

Take home messages: (1) **Georgia = The United States of America** member state, **created by declaration**, defined as the **physical** estate and **living people** within Georgia's **geographic** boundaries. (2) **Georgia State = now** is a **foreign franchise** organization created by **Statehood Compact**, controls **international land jurisdiction** in Georgia and is a **Federal District State**. (3) **Georgia** is a physical state complete with alligators and swamps. (4) **Georgia State** is a **political fiction** defined as a **land trust**, run as a **lawful business** entity that **substitutes itself** for the **original State of Georgia** that was operated under **The Articles of Confederation (1781)**.

30 Second American History – 9

So, we have the two states, **Georgia,** holding the **nation-state jurisdiction** of the **actual soil**, and we have the **Georgia State** holding the **international jurisdiction of the land.**

Georgia is the only sovereign state present. **Georgia State** is at this time exercising Georgia's international land jurisdiction **without** a **constitutional delegation of power** to do so. **The United States of America** established a contract with the **States of America** and the **original State of Georgia** under the **The Constitution for the united States of America.**

Red Flag: According to our contracts, **States of America** is supposed to be operating our **National Government**—— but isn't.

Today's **State of Georgia** is a **territorial franchise** of the **British Territorial United States of America subsidiary** operating under **The Constitution of the United States of America.**

STATE OF GEORGIA is a **municipal franchise** of the **United States,** originally a subsidiary run by the **Holy Roman Empire** operating under **The Constitution of the United States.**

Take home messages: (1) **Georgia State, State of Georgia,** and **STATE OF GEORGIA** are all **federal states** operated by **federal subsidiaries** under contract to **The United States of America** (unincorporated). (2) The **federal states** all operate in **fictional business and political realms** that are **foreign** with respect to the **nation-states.** (3) The **union** of **nation-states** doing business as **The United States of America** is fundamentally **different in nature** from the **subsidiary unions** of **federal states** and **state-of-state franchises.** (4) An **unauthorized assumption of delegated power** took place when the **Georgia State** usurped the duties of the **original State of Georgia.**

30 Second American History - 10

Nation-states are **operated** by **County Jural Assemblies**, which are composed of **people of the land** coming together in **public meetings,** setting up their **jury pools, electing** their **public sheriffs,** their **justices of the peace,** their **clerks,** their **bailiffs,** and their **coroners** in each county. These **County Jural Assemblies** send their elected **deputies** to **State Conventions** to conduct the business of the **nation-state.** They elect **Deputies** to serve in the **Continental Congress,** when one is called to **Assemble.** The courts created by **County Jural Assemblies** are administered by **Justices of the Peace,** and operate under **American Common Law** established by **Juries.**

The **Federal States,** like **Georgia State,** are formed by **County Jural Societies** which are composed of **civilian non-citizen United States Nationals.** They follow the same basic process, except that the courts they create are administered by **County Judges** and operate under **General Session Law.** They elect **State Representatives** to represent them in the **State Legislature** and send **Delegates** to the **United States Congress.** Members are called **constituents.**

Take home messages: (1) the **soil jurisdiction courts** and **counties** are created by **County Jural Assemblies.** (2) The **land jurisdiction courts** and **counties** are created by **County Jural Societies.** (3) **Assembly Courts** act under **Public Law,** **Society Courts** act under **Private Law.** (4) Both the **County Jural Assemblies** and the **County Jural Societies** are owed **The Law of Peace,** United States Department of the Army **Pamphlet 1-161-1.** (5) **None** of the living people born in this country are naturally **subject** to **Territorial** or **Municipal** laws and become **subject** to these **foreign federal law systems** only by **election.** (6) Most of us have been **elected** without our knowledge or consent to act in the **capacity** of **federal citizens.**

30 Second American History - 11

States of States today are **corporate franchises** of the **British Territorial United States subsidiary** presently doing business as the **USA, Inc.** Their **Territorial Courts** are formed by **appointing or electing Judges** from the ranks of the local **Bar Associations** to serve their **State of State Courts** and their **United States (Military) District Courts** which are organized by **State of State Attorney Generals and United States Attorneys.**

The **States of States** like the **State of Georgia** today operate under **state franchise constitutions,** such as **The State of Georgia Constitution,** all in compliance with the **Territorial contract—** **The Constitution of the United States of America.**

People become members of the **State of State Jury Pool** by **Registering to Vote.** This act of **Registering to Vote** means that you are acting as a **British Territorial United States Citizen** and are **voluntarily subjecting** yourself to **British Equity Law** and **Territorial United States Courts**, which are **foreign international** court **venues** that are only supposed to be serving the needs of **federal employees, federal dependents** and **political asylum seekers,** who are living here as **temporary residents.**

Take home messages: (1) unless you were born in an actual federal territory like **Guam**, are working as a **federal civilian** or **military employee** or are a **federal dependent** or actually **seeking federal political asylum**, you have no business **Registering to Vote**—as spelled out in the 14th **Amendment** of their **Constitution.** (2) **Residents** of the federal **State of States** are **not eligible** to own **soil** in this country and if they aspire to own **land**, they must first pay off a huge **mortgage** which the **British Territorial United States subsidiary** owes. (3) **British Equity Law** allows the judges in **Territorial Courts** to use **discretionary powers** to **disregard written law,** which in turn leads to **petty despotism** and **abuses of power.**

30 Second American History -12

The **STATE OF STATES** are also **foreign** with respect to us, and operate under **foreign Municipal Law**. These entities like the **STATE OF GEORGIA** are franchises of the **Municipal United States**. The **Municipal United States Government** is limited to operate within the **10 square miles** of the **District of Columbia**— so how is it that we have **STATE OF STATE** organizations everywhere? Answer: They are acting as **appointees** of the **British Territorial United States subsidiary** under the **1951 Appointments Act**.

The **system of federal racketeering** they run is called a **Split-Title Scheme** in which the **British Territorial United States of America** subsidiary creates and attaches a **copyrighted label** known as a **title** to **American assets**, then **splits the title**, keeping the **beneficial title**, and handing off the **legal title** to **Municipal subcontractors** to **enforce**. The British subsidiary **dodges its treaty and trust responsibilities** by getting the **Municipal** subsidiary to do the **asset seizures** for it.

By **1965**, **bribes** began in the form of **Federal Revenue Sharing** and **Federal Block Grants** to **County** level governments. To receive all this free money the counties had to **incorporate** as **franchises** of the **British Territorial United States of America** subsidiary.

Take home messages: (1) Americans still believe that **State of State** and **National Elections** are **Public Elections** when in fact, these are **Private Corporate Elections**. (2) As **volunteer franchises** the victims are **liable** for all **debts** of the **British Territorial United States of America** subsidiary. (3) Just as **Territorial States of States** function as **franchises** of the **British Territorial United States of America**, so do **incorporated counties**. They are all **foreign** with respect to us and **unknowingly subscribed** to be part of this **foreign conglomerate** when they signed on to receive **federal kickbacks**.

30 Second American History – 13

The **federal states** are organized into **multi-state service districts**.

The **States** like the **Georgia State** are grouped into **Postal Districts** numbered 1, 2, 3....

The **Territorial States of States** like the **State of Georgia** are organized into **Military Districts** called **United States Districts** which are numbered as First, Second, Third....

The **Municipal STATES OF STATES** like **STATE OF GEORGIA** are organized as **UNITED STATES DISTRICTS** numbered as FIRST, SECOND, THIRD...

Take home messages: (1) **States** like **Georgia State** form **Postal Districts**.... 1st **Judicial District** is a **Postal District**. (2) **United States of America** subsidiary franchises like the **State of Georgia** form Military Districts called **United States Districts**; only the **District of Columbia** is named. **First Judicial District** is a **Military District**. (3) **United States** franchises like **STATE OF GEORGIA** form UNITED STATES DISTRICTS .....**FIRST JUDICIAL DISTRICT** is a **MUNICIPAL DISTRICT**. (4) The purpose of all these **federal states** and **federal states-of-states** is to provide **essential government services** to the **nation-states** per **Article IV**. (5) Some services are organized on a **multi-state** level via **Postal Districts**, **United States Districts**, and **UNITED STATES DISTRICTS**. (6) Due to the **predatory fraud** that has been practiced against the Americans, the **Postal District Courts** are barely functioning and the **Territorial** and **MUNICIPAL DISTRICT COURTS** are both being used to promote **organized pillaging** aimed at **Third Party non-combatant civilians**.

30 Second American History - 14

To recap: **Georgia** is a republican **nation-state** in possession of the **soil** of **Georgia** and holding **complete jurisdiction** within its boundaries. **Georgia** does business in **international and global jurisdictions** via an **unincorporated union** of the **nation-states** doing business as **The United States of America** since **September 9, 1776**.

The **Georgia State** is a **land trust franchise** operating under a **Statehood Compact**. It's **supposed** to be a **State of State** operated under **The Articles of Confederation (1781)** by the **States of America**, an **American federal subsidiary**, but this **level of government** hasn't functioned **properly** since **1860**.

The current **State of Georgia** is a **territorial corporate franchise** operated under **The State of Georgia Constitution** by the **British Territorial United States subsidiary**. The **STATE OF GEORGIA** is a **municipal corporate franchise** of the **United States**—originally a **Holy Roman Empire** subsidiary.

Take home message: (1) these **federal states** and **states-of-states** are supposed to be **service providers** acting under **contract** to provide **essential government services** to the **nation-states**. (2) They are all bound by **constitutional agreements** and have been allowed to exercise a portion of **delegated authority** belonging to **The United States of America** on a **limited** and **contractual** basis. (3) The **federal subsidiaries** are **foreign businesses** and they have been made **improper use** of **delegated power**. (4) These **service providers trespass** onto our **soil jurisdiction** by claiming that we **volunteered** to **act** as one of their **citizens** — claims built on **deliberate semantic deceit, false impersonation, identity theft, falsification of public records, physical force** and **constructive fraud** executed under **color of law**.

30 Second American History – 15

A great many confusions arise because of the use of **similar names** and because of **business reorganizations** and successions and restructurings that have taken place over time. **The United States of America** (unincorporated) is not the same as **the United States of America (Territorial) subsidiary,** nor is it the same as **The United States of America, Inc.** which came into existence in **1868** or the **1925 Delaware Corporation** calling itself **the United States of America, Inc.**

The **United States** (unincorporated) referred to in **The Treaty of Paris, 1783**, and its "free, sovereign, and independent people" is not the **United States** operating under **The Constitution of the United States.**

The **Georgia State** is not the same as the **State of Georgia** nor the **STATE OF GEORGIA**. The **Georgia nation-state** is a separate entity altogether. And the **original State of Georgia** is yet another beastie.

Take home message: (1) All these **similar names** attached to **different entities** create a **hotbed for confusion** and **mistaken identities** and **false assumptions**. (2) Georgia is **unincorporated** and **sovereign** in its nature. (3) The **Georgia State** is a **lawful** business entity operating under **Public Law**. (4) Both the **State of Georgia** and the **STATE OF GEORGIA** are **legal** business entities operating under **territorial and municipal law.** (5) All these entities, with the **exception** of **Georgia,** have been given a **charter** to exist and do the work they do in behalf of **The United States of America** (unincorporated). They can lose their **charter** for **non-performance, criminal acts**, and other causes. (6) The core of the fraud being practiced against us is rooted in **semantic deceits**, deliberately induced **false assumptions**, misused **euphemisms** and overall **non-disclosure**. (7) **Euphemistic wars** like the **War on Poverty** are being used to **excuse** the use of **martial law** on **American soil** in **peacetime.**

30 Second American History – 16

So all the **federal states** and **states of states** are **businesses** and they are all in the business of providing **government services.** They are all **foreign** with respect to the **American nation-states** employing them. **The United States of America** (unincorporated) **delegated** specific powers to the **federal subsidiaries** doing business as: the **States of America, United States of America,** and **United States.**

Like all **business entities** these **original service companies** have undergone vast changes over the course of over 200 years; there have been **mergers, joint ventures, changes in stockholders, hostile take-overs, reconstructions, diversifications, expansions, assumptions of contracts, successions, consolidations, trades, acquisitions, incorporations,** and yes, **bankruptcies** and **liquidations.**

The original federal subsidiaries, except the **States of America, incorporated** themselves, mostly under the **State of Delaware** so that they could access the **British Chancery Court** to claim **clemency** and the protections of **privateer licenses** granted to **Bar Association Members.**

Take home messages: (1) a corporation that provides government services **under contract** is **not** your **actual government.** (2) Changes in **basic business structure** and **affiliation** have taken place since **1791.** (3) **Delaware Corporations** have access to the **British Chancery Court** in **Delaware,** which allows the **Queen** to **forgive crimes** committed by **Bar Attorneys** and **politicians.** (4) Both **Pope Francis** and the **State** that **issued their charter** can **liquidate** any **incorporated entity** that engages in **criminal activity.** (5) Since the **State of Delaware** benefits from the **corruption,** don't **expect** any such action **cancelling charters**; and since the **Municipal franchise** that belongs to **Francis** also **benefits,** don't expect action on his part, short of an **Act of God.**

30 Second American History – 17

The **United States of America** is an unincorporated **Holding Company** which the **sovereign nation-states** created to manage their **combined powers in international and global jurisdictions** during and after the **Revolutionary War**.

The United States of America (unincorporated) is the "instrumentality" the Founders used to organize this country's **external** government—the **storefront** created to conduct international and global business in behalf of the **nation-states** as a group. **When Ben Franklin negotiated treaties, this is the entity he negotiated for.**

The former-Colonists also had to choose a **Head of State**. This seemingly thwarted their **aspirations**, by requiring them to **participate** in the **feudal system** they were trying to escape.

They turned to the **Magna Carta**. The men who wrote it were called **Barons**— which was their **title** in **France**; but in **England**, they were **sovereigns in the own right**. **William the Conqueror released** their forefathers from their **fealty oaths to him** and made them a **permanent gift of soil** in **England** upon his death in **1087 A.D.** as part of **The Settlement of the Norman Conquest**.

Take home messages: (1) A **President,** who is by definition the **chief executive officer** of a **company or corporation**, is not a **Head of State**. (2) A **Head of State** must be a **sovereign** either by sword or by blood. (3) The **former-Colonists** were unable to conduct international and global business affairs without a **Head of State**, yet doomed to being ruled over by a King if they chose one. (4) The **Barons** who wrote the **Magna Carta** were able to **enforce it** against **King John** as **hereditary sovereigns in their own right**.

30 Second American History – 18

The Colonists chose a **Colonel** in the **Continental Army** as their **Head of State: William Belcher of Connecticut.** He exercised **sovereignty in his own right** in **England** as a result of the same **Settlement of the Norman Conquest** that **freed** his **ancestors**. Note that **political sovereignty** depends on which **soil** you **stand on**—your **standing**. You can be a **king** in one **country** and a **slave** in **another**.

The **Belle Chers** part of **William the Conqueror's** own family, were among those to receive their **freedom** and **sovereignty in perpetuity** in **England**. The **Norman Conquest** created a **class of kings** in **England**, all **Normans**, all of **equal standing**.

Take home messages: (1) The idea of **individual sovereignty** far pre-dates the **American institution** and has its roots in **The Settlement of the Norman Conquest** and the **Magna Carta;** (2) The Colonists chose a man already having this **hereditary sovereignty** to act as their **Head of State.** (3) **William Belcher** agreed to serve as **Head of State** for **The United States of America,** which is why the **Belcher Coat-of-Arms Array** includes both **The Great Seal of the United States of America** and **The Great Seal of the United States**. (5) The Belchers are **not subjects** of the **Queen of England** but have **separate standing as sovereigns** in England by **conquest of soil**, by **blood**, and by **William's gift**. (6) After the Revolutionary War, **William Belcher** bequeathed the same **individual sovereignty** on every man who served in the **Continental Army** and on **every Mother's son and daughter** living on the **soil** he **gifted** to them. (7) This is how Americans can and do legitimately claim to be—literally— a **sovereign people**, and how every **American veteran** is owed the same respect as a king or queen.

30 Second American History – 19

The **Hereditary Head of State** for **The United States of America** today is James Clinton Belcher, *in regis*, **James Clinton**. He has the peculiar right and the duty to operate **The United States of America** (unincorporated) to **protect** the member **nation-states** and enforce the **constitutions**.

His current actions and international objections are prompted by the **gross negligence, criminality, breach of trust,** and **compartmentalized ignorance** on the part of those federal subsidiaries **entrusted** to provide the nation-states and people **Good Faith Service**. As the abused powers were **delegated** through **The United States of America**, they can be **recalled** by **The United States of America**.

Take home messages: (1) Providers of **essential government services** are **subject to perform** according to their **contract**, like any other business. (2) The **federal subsidiaries** are **lawfully** and **legally obligated** to honor their **commitments**. (3) The **Founders** did not set up these **complex service contracts** called **constitutions**, with **three federal subsidiaries** which are the actual **Three Branches of the Federal Government**, without the means to mind the shop. (6) The existence and nature and function of **The United States of America** has been **deliberately obscured** by those who **benefit** from weaseling out of their **obligations**. (6) **The Great Seals** owed to the Belchers were stolen by **British Mercenaries** during the **Civil War** and most recently put on display at the **Federal Reserve Building in Washington, DC**. (7) The **Trump Administration** has been asked to return **The Great Seals** to their rightful owners, in a **spirit of cooperation** and **token of willingness to honor** the constitutional agreements. (8) The **British Territorial United States of America** did not then and does not now have any excuse for seizing upon **our sovereign property**.

30 Second American History – 20

The **widespread pattern of abuse** of **delegated powers** by the federal service companies has been **documented**, **objected** to, and the **presumptions** underlying these **corrupt practices** have been opposed and refuted **continuously** as these evils have **developed**.

The core abuse **solidified** with the **Reconstruction** of the **British United States of America** subsidiary **improperly** exercising the **delegated powers entrusted** to the **States of America**, and its change from an **unincorporated** business to an **incorporated** structure in **1868**.

The change from operating as an **unincorporated business** to an **incorporated one**, is **not precluded** by any constitutional agreement; however, a serious **infringement** upon the **Common Law copyrights** of the **nation-states** occurred when this new **territorial corporation** began using the name: **The** United States of America, **Incorporated.**

This version of "**The United States of America**" is merely an **incorporated business**, but owing to the **similarity of names** is easily mistaken for **The United States of America**

Using this **facile similar names deceit** the new entity quickly presumed upon the **credit** of **The United States of America** (unincorporated) and **hypothecated non-consensual debt** against the **nation-states**.

Take home messages: (1) The British **Territorial United States subsidiary** has been **operating in fraud** since **1860**. (2) **Unconscionable debt** has been **fraudulently conveyed** to the **nation-states and people**. (3) This was the first such **similar names deceit** employed by the **British Territorial United States** subsidiary to secure **credit** based on **American assets**. (4) **Hypothecation** establishes a form of **secret lien** against **assets** that **belong to other people**, so the victims don't know that **their assets** are being **pledged** as **collateral**.

30 Second American History – 21

By **1907** the corporation doing business as **The United States of America, Incorporated**, was bankrupt. It sought the protection of the bankruptcy court and offered the **soil** of the **nation-states** as **surety**— basically, they **ransomed our soil** to **their creditors**.

Employees of this territorial government services corporation secretively "**took title**" to our **soil** as a **land asset**, simply by creating a **new land description**, and began charging their employers **property taxes** to pay off their own **creditors.**

It worked like this: a parcel of soil **described** in terms of **metes and bounds** was **re-described** in terms of **Township Sections** and **surveyed acreage**. Thereafter, whenever they needed more money the schemers simply attached another "**title**"— a **copyrighted label, re-describing** the **same land** a different way, and added more taxes and debt. This is **constructive fraud** based on **unlawful conversion** of assets, but they **foisted themselves off** as **the actual government** and acted under **color of law**— and got away with it.

Take home messages: (1) this was all done in both **breach of trust** and **breach of service**. (2) Many people didn't see the difference between **The United States of America** and a **for-profit corporation** calling itself **The United States of America, Incorporated.** (3) **Critics** were forced to **flee for their lives** after voicing **objections** to **President Theodore Roosevelt**. (4) **FDR** later **perfected** all the details of the work his **Cousin Theodore** did to set up the **Land Title Swindle** in America and did him one better by indebting and enslaving most of our population with his own **Impersonation Swindle.** (5) Both **Political Parties** were involved early on—the **Republicans** under **Theodore Roosevelt** and the **Democrats** under **FDR**.

30 Second American History – 22

The **1907** bankruptcy of **The United States of America, Incorporated** settled in **1953**. The members of the **Territorial United States Congress** used the occasion to claim that the **soil** belonging to the **nation-states** was **abandoned** by **unknown owners**. Those **unknown owners** are **our** own **Grandfathers**.

All the **land** the **States of States** created for themselves by dreaming up **false titles** and attaching them to **soil assets** belonging to their **employers**, was rolled into **State trusts**, like the **Georgia State**, and **federal land trusts** controlled by **USDA, BLM** and the **DEPARTMENT OF THE INTERIOR** under **appointment** to the **Municipal United States**.

The **Territorial States of States** held the **equitable title** to all this **trust property** that they additionally claimed was **abandoned** —while the Municipal **STATES OF STATES** and their franchises held the **legal title**. The **actual people** to whom the **soil** and **birthright** belong were **never notified** of all these **false claims** and cozy arrangements made **for** them by their **employees**.

Take home messages: (1) Americans have been purposefully **defrauded** by corporations **hired under contract** to provide them with **enumerated** government services. (2) Employees and elected officials, **both** territorial and municipal, used a **split title system** to benefit each other: the **Territorial States of States** got the direct benefit and the **Municipal STATES OF STATES** picked up the labor contracts. (3) The schemers claimed they were **unable** to **identify** the **heirs** of the **soil**— **our Grandfathers** — but they never tried to **locate them** and **never told anyone**. (4) **The unauthorized pledging** of **our assets**, the **land title fraud**, the **State of State substitutions** and **unauthorized State land trusts** would have been **exposed**, so the **politicians** kept **mum** and **pretended** that **our soil** and **land** had been **abandoned**.

30 Second American History – 23

Encouraged by the success of their first gigantic fraud scheme in **1907**, the **Territorial United States Congress** next set its sights on the **value** of **American labor** assets. This time, they **incorporated** and then **deliberately bankrupted** their own **original Subsidiary** company: **the United States of America, Incorporated**. The year was **1933**.

Franklin Delano Roosevelt confiscated **privately-held** American gold under **color of law** the next year. This, together with the **Federal Reserve Act of 1913**, meant they could buy American **labor** for the price of printing paper. **The Emergency Banking Act of 1934** set an arbitrary **dollar for dollar** exchange rate, so that they were also assured of being able to **trade** their **paper I.O.U.s** for **our silver**.

At the same time gold was being **confiscated** and silver was being **exchanged under force** of legal tender laws, local doctors, nurses, and dentists were being **conscripted** to serve as **Uniformed Officers** and the **Territorial Immigration and Naturalization Laws** were being tweaked to allow application of the foreign **Split-Title Scheme** to us, **to our bodies**, **our labor**, and **our remaining private property**.

Take home messages: (1) this was **premeditated** and **institutionalized crime** set up over **decades** by the **British Territorial United States Congress**. (2) They used the same **formula** they used in **1907** — create a **false title, attach** it to **assets** belonging to others, then **split the title** between the **federal territorial and municipal corporations**. (3) Just as they created new **land descriptions** out of thin air and secretively **attached** them to our **land**, they created **PERSONS** and attached them to **us** by **infringing** on our **Given Names**. (4) Using **styles of NAMES** to define **commercial capacities** for these new **PERSONS**, they **improperly addressed** us in this new **capacity** and **trafficked** us into their **foreign jurisdictions** via this additional **deceit and non-disclosure**.

30 Second American History – 24

The **immediate result** of naming a **Territorial Foreign Situs Trust** after our **Given Name** and **addressing us** under those **false pretenses** was to **traffic us** into the foreign **Territorial United States** jurisdiction **without our knowledge** or **consent**. We were **kidnapped**, in effect, as babies.

The **immediate result** of **naming** a **Muncipal Cestui Que Vie Trust** after us and **addressing us** under those **false pretenses** was to **traffic** us into the **foreign Municipal United States** jurisdiction **without our knowledge** or **consent**. We were pulled deeper into their web.

Pretending that we are acting in the **capacity** of a **Territorial Foreign Situs Trust** or in the **capacity** of a **Municipal Cestui Que Vie Trust** makes us **subject** to **British Equity Law** and foreign **COMMERCIAL LAW**, both.

If you resist claims against **YOU** and **YOUR ASSETS** under **municipal law**, they will address **You** as a **Territorial Foreign Situs** trust in their **Territorial Court System** and **their** judges will use their **discretion** allowed under **British Equity Law** to **rob** you anyway.

Take home messages: (1) the **American nation-states** and **people** have been **purposefully defrauded** and **attacked** under **color of law** by their own **employees**. (2) The **principal parties** responsible are the **American Bar Associations** and the **Federal Judiciary, Territorial United States Congress members** who set up the **statutory infrastructure** to create **Territorial Persons** and **Municipal PERSONS**, and foreign governments (3) Millions of Americans have been **hijacked** into **foreign jurisdictions** and **prosecuted** under **foreign law** for the **benefit** of **foreign governments and corporations** that are supposed to be here providing us with **Good Faith essential government services** per **Article IV** of **The Constitution of the United States of America**. (4) This is an international **crime of impersonation** meant to **deprive us** of the **protections of our nationality** and **theft** of our **natural identity** and **assets**.

30 Second American History - 25

The bankruptcy of 1933 followed the same **methodology** as the bankruptcy of 1907: secretively create a **false title**, which is merely a **copyrighted label**, attach it to an **asset** belonging to your unsuspecting **employers, split the newly created title** with your **co-conspirators**, produce **direct racketeering income** (taxes, fees, insurances) and new **collateral** backing more **hypothecation** of debt against the **victim's private assets. This process forces the victim to pay your debt in order to keep his asset.** Then run the victim's **credit** to the limit and seek **bankruptcy protection** for themselves.

This has been pulled on the **American nation-states and people** under **Territorial United States** laws and **Municipal United States** laws that **do not apply** to them. This requires the perpetrators to **kidnap** Americans, **transport** them into their **foreign jurisdiction** on paper, and **deliberately misidentify** them—because otherwise, they are **under solemn contractual obligation** to aid and protect their victims.

Take home messages: (1) The **Territorial United States Congress** is using a known **formula** to promote **virulent crime**. (2) To gain **bankruptcy protection**, the original subsidiary **companies** had to be converted into **State of Delaware corporations**, because their own **State of Delaware** is the only state that operates a **Chancery Court** which permits the use of **British Equity Law** on **American soil**. (3) This then allowed the perpetrators to open their own private **British Territorial Court System** and to **appoint MUNICIPAL COURTS** to serve their enforcers in all fifty nation-states. (4) They win over **97%** of the time. (5) These **Territorial Court Systems** and **MUNICIPAL COURT SYSTEMS** have worked together under **color of law** and used deceptively named **local franchise corporations** like the **STATE OF OHIO** to collect debts that their American victims never owed.

30 Second American History – 26

The attack on their **employers** and **creditors** begins when a baby is born and **given** a **Trade Name** by his parents. The **Trade Name** functions as a **Lawful Person** conducting **trade** on the **land** and as an **American** Foreign Situs Trust **trading** on the sea.

Just as **soil is a fact** and **land is a description** of soil in terms of **political affiliations**, a **man is a fact** and a **person is a description** of him in terms of **capacities**. The **Trade Name**, for example, allows us to conduct **trade**.

A living man can never **be** a person, which is a **description of some capacity to act**— a **descriptive label** like "**bartender**" or "**Defendant**" or "**Colonel Sanders**"— which may or may not be **copyrighted**.

The perpetrators **register** and **copyright** our **Trade Names** and use this **copyrighted label** to create a "**Person**" —and a **false title** benefiting themselves, just as they did with our **soil assets**. The **British Crown Corporation** thus obtains the **copyrighted title** to a brand new **corporate franchise**, named after an American baby.

Take home messages: (1) Our **Common Law copyright** to our own **Given Trade Name** is being **infringed** upon and **abused** to create a **British Crown Corporation franchise** merely named after us **without our knowledge or consent** within a few days after our **nativity**. (2) This is a **non-consensual** crime of **impersonation** and it is **never fully disclosed** to the victims nor to their parents. (3) This results in a **voidable contract** with the **British Crown Corporation** but nobody can void such a **contract** until they know that it exists. (4) The **legal process** necessary to undo this **false claim** and **fraud scheme** is also obscured, so that the people victimized by this **bizarre form of identity theft** are left without **remedy**. (5) Millions are **entrapped** by this **legal chicanery** and unable to leave the **foreign jurisdiction** they find themselves in.

30 Second American History – 27

To Recap: In the case of our **soil assets**, the perpetrators applied new **land descriptions**. **Metes and bounds descriptions** were replaced first by **township and county surveys** called **plats** and then by **lots and blocks** and **streets**. Each new description **added a new layer of government** and new government **claims of control and ownership interest** based on nothing but the cost of thinking up and **applying a new copyrighted label** to assets **actually** belonging to their **employers.**

In the case of **our bodies, labor, and private assets**, they applied new **"person" descriptions**. First, they used the newborn baby's **Trade Name** to create a **Territorial Foreign Situs Trust** named after him, for example, **John Michael Henderson**. They **copyright** and **register** his Name as **their franchise**. This gives them an **ownership interest** in his **name and estate**.

Next, they create another **PERSON**, this time under **Municipal United States** statutes, and they name and copyright **JOHN MICHAEL HENDERSON** as a **Puerto Rican ESTATE** trust. Just like the **Trade Name** allows us to conduct **trade**, the **incorporated PERSON** allows us to **conduct commerce** as a franchise **owned by** the **UNITED STATES.**

Take home message: (1) there are foreign entities— **British Territorial Foreign Situs Trusts, Municipal ESTATE trusts**, and even **Municipal Public Transmitting Utilities** operating under your **name**. (2) Having these "persons" **attached** to your name **forces** you to **pay foreign taxes** (like the **ESTATE gift taxes** collected by the **IRS** each year) and meet other **obligations** (like **Selective Service**) that you are never made aware of, in **exchange** for the **purported benefit** of having a **federal person**—which in the normal course of your life and business you would most likely **never want or need**.(3) You are never told a word about these arrangements made **for** you by your **federal employees**, so you can't possibly **object** and are **entrapped** in their system of things.

30 Second American History -28

As we learned already, all the powers **delegated** to the **federal territorial** and **municipal government subsidiaries** exist only in **international** and **global** jurisdictions. Not on the soil. Not on the land, except for **federal civilian** and **military installations** such as customs houses, post offices, and arsenals. These are the **only land assets** that should be included in **federal land trusts**. Instead, these federal **service providers** have **trespassed on our soil and land jurisdiction** and **violated** their **constitutional limitations**. They now hold and control almost all of the land mass of this country in trusts.

Take home messages: (1) a vast **crime** was committed when the **British Territorial** subsidiary created the **State** land trusts, like **Georgia State, and assumed delegated powers** never **granted** to them. (2) Those **powers** should have **reverted** to **The United States of America**, the **Employer** and **Third Party** that **delegated** the **powers**, not a local franchise of the **British Territorial subsidiary**. (3) The **fraud** continued with a **Split Title Fraud Scheme** to **attach** land **titles** to **our soil assets**. (4) That led to a **bankruptcy fraud scheme mortgaging** our assets to their creditors. (5) Next, a crime of **impersonation** aimed at our babies, depriving them of their **nationality**. (6) This led to **falsification of public records** and **false claims** that millions of Americans were **federal Territorial citizens**. (7) This **entrapped** us and **trafficked** us into foreign jurisdictions. (8) Once **ensnared** these faithless servants created **public trusts** in our **NAMES** and **pillaged** and **plundered** and **indebted** these under **color of law**. (9) They also then **prosecuted** us under all these **false presumptions** in their own **rigged courts** and under their **foreign British Equity Law**, which allows their **Bar Association co-conspirators** to exercise **judicial discretion** and dispose of us and our assets however they see fit **without regard** for the **written law** or the **facts**.

30 Second American History - 29

To Recap: A baby is born in a **federally-subsidized hospital**. The doctor has been **conscripted** as a **Uniformed Officer** serving the **British Territorial United States Government** under **Title 37** and is obligated to seize upon the **Given Name** of the child and **register** it as if its parentage is "unknown". See: **1934 Codification of 8 USC 1401 (f)**.

Registration creates a **joint interest in the property** being registered—in this case, a property interest in the **name and estate** of the baby. **Undeclared Foreign Agents** of the **British Territorial United States copyright** the baby's **Trade Name** and use this as the name of a new **British Crown Corporation franchise**. In this way the name of an American baby is **mischaracterized** as the name of a **British corporation**, hijacked into the **foreign international jurisdiction** of the **Territorial United States, subjected** to British Equity Law— and placed at the mercy of the in-house **Territorial Court System**.

Take home message: (1) **registering** a man's name creates an **improper interest** in his name and estate benefiting unknown investors in the **British Crown Corporation**. (2) In this process the **identity** of the living American child is **mischaracterized** as that of a **corporation** and/or a **Territorial United States employee** or **dependent**—a **crime** of **impersonation**. (3) This process results in **paper genocide** of the American people— the same **employers** these criminals are under **treaty, constitutional contract**, and **trust indenture** to protect. (4) The **Queen** and the **Pope**, who are supposed to be acting as our faithful **Trustees** have been given **Notice and Due Process** to correct, cease, and desist by **The United States of America** and our lawful **Head of State**. (5) These **circumstances** must be addressed, **first** by the **guilty parties**, who are called upon to provide **relief** and **redress, second**, by the **world at large**, which has an interest in preserving the **international laws** that have been grossly **violated**.

30 Second American History -30

The **Impersonation Fraud** process pretends that the new British Territorial United States **Foreign Situs Trust** named after us is of **unknown parentage** and therefore **subject to salvage** on the High Seas. They sidestep **their trust and treaty obligations** to protect and aid Americans on the **High Seas and Navigable Inland Waterways**—by **pretending** not to know that they are Americans.

The **Territorial Foreign Situs Trust** mis-using your **Given Name** is bound over as **chattel** backing **debts** of the **British Crown Corporation** and a **Municipal ESTATE** trust is established in its **NAME**. This **ESTATE** is a commercial **PERSON** and is bound to function under **foreign undisclosed Municipal United States** law.

Thus by **legal chicanery** against their actual **employers**, the **Municipal** and **Territorial subsidiaries** that are supposed to be here providing our **nation-states** with **stipulated government services under contract** have **helped themselves** to **our assets** by **abuse** of **our delegated powers**, by **fraud**, by **force**, and by **trespass** against us.

The **Municipal** franchise, for example, **STATE OF GEORGIA**, acts as **prosecutor** in behalf of the **Territorial** franchise, doing business as **State of Georgia**, and **vice versa**. The American victim is always being **subjected** to **foreign law** either way. They use **judicial discretion** to grant themselves victory over **97%** of the time.

Take home messages: (1) our employees are **promoting fraud** and **false claims** against us under **color of law**. (2) The courts are both **rigged and foreign** with respect to us. (3) **Politicians** allowing this and **foreign governments** profiting from it are **equally responsible**. (4) By all these various and secretive means the **British Territorial subsidiary** and the **Holy See's Municipal subsidiary** have **conspired** and **colluded** to drain this country dry while continuing to act as our **Trustees**.

30 Second American History -31

Just as the American people have been **impersonated** and **grossly mischaracterized** as **copyrighted corporate franchises** belonging to the **British Crown Corporation**, the **United States Congress** owed to the people of this country has nothing to do with the **Territorial United States Congress**.

Our **United States Congress** is a **Continental Congress** and is a gathering of **Deputies** who are **Fiduciary Officers** of the **nation-states** elected by the **living people** of this country to conduct the business of **The United States of America**.

We **elect** our **Congressional Delegates** instead of **voting** for them, our men in Congress are **Deputies**, not **Representatives**, and political parties don't select our candidates. We draft them by **secret primary balloting** and we always use **paper ballots**. Our **seat of government** is **Philadelphia, Pennsylvania**, not **Washington, DC**, which was set aside as a headquarters for the federal **National, Territorial, and Municipal United States** service providers.

Take home messages: (1) the **nation-states** have their own **United States Congress** that is **foreign and sovereign** with respect to the federal **for-hire** government and also separate from the **National** United States Congress and **Territorial** United States Congress and **Municipal** United States Congress. (2) Deliberate confusions about **identities** and **roles** within our government are at the core of the gross and reckless **misadministration** our country has suffered. (3) Our **elections** follow **different processes** and result in **different offices**. (4) Now that we have sorted through the spider-web of **deceit** and **secrecy** that has been promoted by the perpetrators of all this **fraud** and **guile**, we are ready to address the **festering dilemma** at the bottom of it all: **Jefferson Davis's Revenge**.

Abraham Lincoln was a **Bar Attorney prohibited** from holding office in the **National Government** administered by the **States of America** subsidiary thanks to **ratification** of the **Titles of Nobility Amendment** in **1819**, which became the **13**th **Amendment** to their constitution— **The Constitution for the united States of America**.

The **bar against the Bar** was adopted to put teeth in an already existing **prohibition** in **all three constitutions** against **conflicts of interest** arising from having people in **possession of titles** conferred by **foreign governments** serving in our **for-hire federal government**. The **States of America** felt that **Bar Attorneys** holding the **title** of **Esquire** were **Admiralty** lawyers **loyal** to **England** and could **not be trusted** with **American land administration**— though they could not be stopped from participation in **British Territorial United States** affairs.

Take home messages: (1) precisely what the **States of America** feared and **prohibited** in **their federal subsidiary's constitution** has proven **true**. (2) **Lincoln** took office in behalf of the **Territorial and Municipal federal subsidiaries** and picked a fight with the **States of America**. (3) This **internal cat-fight** among the **federal subsidiaries** had **nothing to do** with the **actual government** of this **country**, but as **decades** of **lies**, **fraud**, **coercion** and **secretive implementation** of **illegal British pillaging** expedited by **colluding Bar Association members** proves— the **States of America** leaders were right. (4) The **British Territorial fraud schemes** have yielded endless **wars for profit** worldwide, **funded** by **pillaging** and **conscripting** their **employers** under **color of law**. (5) Our **nation-states** and **people** were never involved in the **Civil War** and are **Third Parties** owed **immunity**. (6) The perpetrators **feign not knowing our identity** –after **deliberately obscuring who** and even **what** we are by **deliberate falsification** of the **public records**.

30 Second American History - 33

The **British Territorial Subsidiary** doing business out of **Washington, DC** fought with **The Confederate States of America** –estranged members of the **States of America**—— not the **American nation-states**, not the **American people**, not **The United States of America**, and — not even the **States of America** subsidiary itself.

Reason, logic, **international law, commercial law, treaties** and **trust indentures** owed by the **Queen** and the **Pope** —**all established by public record in this country and elsewhere**, demand that our **nation-states** should have been **set free** to **convene** a **Continental Congress** to either (a) restore the **States of America subsidiary** to proper functioning or (b) choose **new federal service providers** to administer **our international land jurisdiction. That didn't happen.**

Instead, the **British Territorial United States** made an **unauthorized assumption of power** and **under the pretense of protecting us** (which **is** their constitutional duty) **prevented us from handling our own affairs** and **choosing our own land jurisdiction administrators**.

This resulted in the **State land trusts** like the **Georgia State**, the **substitution** of their **own Territorial States of States** for the **original States of States**, and all the **illegal** and **immoral pillaging** of **our assets** that has gone on ever since.

Take home message: (1) the so-called **Civil War** was a **fight** between **members** of two of the original **federal subsidiaries** and had **nothing to do with us** and **our government** at all. (2) Imagine **two employee unions** slugging it out over contracts and you will have the picture. (3) The **Territorial United States of America** has **no contract** to exercise the **delegated powers** granted to the **States of America**, and the excuse of **protecting** us while **pillaging** us has worn very, very thin.

30 Second American History – 34

The **British Territorial United States** subsidiary has **no contract** with us to perform the duties of the **States of America** and **no right** to **interfere in our internal affairs** using the **excuse** of **protecting us**. We are their **employers**. They are operating under our **delegated authority** as **service providers**. With respect to us, they are **under contract** as **hired help**, so it should be **apparent** that **our will** is **paramount**. Not theirs.

Their **lack of contract** to serve in the **sphere** of **our land jurisdiction** and the **harm** they have done to us **as a result** of doing so are **two potent issues**, but another one takes center stage: **The Constitution for the united States of America** is the **Original Equity Contract**, without which the **British Territorial United States of America** wouldn't exist.

You have to have a **National Government** in order to have a **Territorial or Municipal Government**.

This is what is known as **Jefferson Davis's Revenge**, a lawful and legal **conundrum** that **permanently bars** the **British Territorial United States** from ever having any **proper right** or **claim** against the **States of America** or **The United States of America** and which **defies resolution** without the **intervention** of the **original granting authority**, **The United States of America** (unincorporated). **So here we are.**

Take home messages: (1) the **United States of America subsidiary** does **not have a contract** to manage **our land jurisdiction** and **never did**. (2) Their **interference** in our **business affairs** has resulted in **damage** and **endangerment to us, their employers.** (3) The **British Territorial subsidiary** is **dependent** on **The Constitution for the united States of America** for its own **existence**, which creates a **lawful and legal quagmire** that can only be **resolved** by **The United States of America** (unincorporated) **convening** a **Continental Congress** and **ratification** of a new **land jurisdiction constitution** by the **nation-states and people**.

30 Second American History - 35

This **continuing conundrum** upsets the **checks and balances** built into the government we ordained and set up in 1791. It leaves the **British Territorial United States subsidiary** exerting **improper power** and **control** over **both** our **international land** and **international sea jurisdictions**.

This in turn creates **opportunity** for the **abuses of power** and the **overall criminality** that have infested the **federal government** ever since. To run as it should and as intended, the **checks and balances** built into the **federal government structure** have to be **restored**.

We trust that everyone can now see the **necessity of correction** and the **culpability** of the **politicians** and **foreign Heads of State** responsible. The **service providers** in a sane world cannot be allowed to **pillage** and **plunder** their **employers**. This is not a matter of **politics** so much as it is about **crime** and **business obligations** and **common sense**.

Take home messages: (1) we are still **suffering** from issues that **should have been resolved** at the end of the so-called **American Civil War**. (2) **The British Territorial United States subsidiary** has contrived to control our **international land jurisdiction** as well as its **contractually apportioned** part of **delegated power** in the **international jurisdiction** of the **sea**. (3) This has **disrupted** the **checks and balances** we **built into** the **federal government structure** and has opened up **opportunity** for the **unconscionable abuses** which have plagued **our country** ever since. (4) The **Pope** and the **Queen** are **culpable Heads of State** supposed to be acting as **International Trustees** having **oversight** responsibility. (5) Our **lawful government** requires a peaceful and orderly **process** leading to **restoration** of **our land jurisdiction government functions** and **an end to the fraud** and **predation** that has been **allowed**.

30 Second American History - 36

The **truth of the matter** was conclusively proven by the **Congressional Research Service** decades ago: there is **no Declaration of War** and **no Treaty of Peace** associated with the **American Civil War** and the bulk of the **Reconstruction Acts** have never been **repealed** and **remain in effect** for the **Territorial United States Government**.

The **Queen** and her government have a strictly **limited role** to play in this country and it is clearly stated, stipulated, and **enumerated** in the constitutional agreement we have with them: **The Constitution of the United States of America.**

Their brawls with other duly chartered **federal subsidiaries** are not part of the services **we** contracted to receive and **we** are not responsible for **their war debts** then or now. As our agreement with them makes very clear, the **Queen** functions under **our delegated authority** and has **no granted authority** related to **our land or soil**.

Take home messages: (1) the **British Territorial United States** has **no contract** to administer our **land jurisdiction**, no right to claim that it is **abandoned** by **unknown parties** or that **our children** are of **unknown parentage**. (2) These claims are **transparent bunk** on the part of **the United States of America** subsidiary and the **British Crown Corporation** and the **Queen** who is in **Breach of Trust** until these issues are resolved. (3) We have obviously not **abdicated our responsibilities** and we have **not forgotten** who we are. (4) The **British Territorial United States** subsidiary **caused** all this **fraud** and **corruption** and **violence** and it is their **responsibility** to repair the **damage** done to their **employers** to the extent possible, **return** the **purloined property** rightfully belonging to us, and get on with life.

30 Second American History – 37

Jefferson Davis, the President of The Confederate States of America, knew the truth about all this and he left **abundant evidence** for future generations to **discover.** It is because of him and his love for his country that the **crucial information** was **preserved.**

After the so-called war ended, **the United States of America subsidiary** forced the **pre-war States of States** to write **new State Constitutions** at the **point of a gun** and pulled a **clever substitution.** The original **State of Georgia** was replaced by a **British Territorial "State of Georgia"** while the role of the **original State of Georgia** was handed to the **Georgia State** land trust—— also run by the **British subsidiary.**

Take home message: (1) everything that the **British Territorial United States** subsidiary doing business as **the United States of America** has done since **1860** has been done to a greater or lesser extent in fraud. (2) The original **State of Georgia** was a member of the **States of America** organized under **The Articles of Confederation (1781).** (3) The **British Territorial United States of America subsidiary** came in and substituted their own **State of Georgia** corporate franchise for it. (4) They used the new **State land trusts** like **Georgia State** as an **excuse** to **pretend** that **The Constitution for the united States of America** was still in effect, though under **their control** and **unauthorized trusteeship.** (5) There are only two possibilities—the **British Territorial subsidiary** should have been **dissolved in the 1860's,** or, the **States of America** survived **in abeyance** for **150 years.** (6) In **either case** just described, the **delegated powers** should have been returned to **The United States of America** which is a **Third Party** to all this **intrigue among federal subsidiaries** and the **entity** responsible for making the **delegation of powers** to both **the United States of America** and the **States of America** in the first place.

30 Second American History – 38

To recap: Imagine that you and a group of your buddies create a new business. It's a government services business called **The United States of America.**

But it's a big job, so **The United States of America,** call it **"A"** hires several subcontractors.... **"B", "C", and "D"**.....

"B" is an accounting firm.....

"C" is a law firm....

"D" is a medical firm....

Things go smoothly for years and then **"C"** decides to attack **"B"**.

The men running **"C"** take over **"B"'s** functions by force....

This is essentially what happened when **the United States of America subsidiary** attacked the **States of America subsidiary**. But there's a problem. The **States of America** holds the controlling contract with **The United States of America** and without that, everything reverts back to **The United States of America** (unincorporated).

Take home messages: (1) there is either a **constitutional contract** with the **States of America** or there is **no contract** for **the United States of America** or **United States**, either. (2) It all comes down to the **Original Equity Contract** and **The United States of America** to which all **delegated** powers **revert**. (3) All this time that our **British service providers** have **contrived** to place **false claims** against **our assets** and **pretended** that they **don't know who we are** while taking their **paychecks** from **our pockets** and **trafficking** our children into their **foreign jurisdictions**, we've been the **actual landowners**, their **employers**, and their **loyal allies** through two **World Wars**.

Remember that we are talking about **companies in the business of providing government services** that were **hired** to provide services for our **nation-states**. If **your law firm** staged a **hostile takeover** of your **accountant's firm** and forced an **unhealthy merger**, it would have the same effect: the **law firm wouldn't have any contract with you** to **provide accounting services.**

When the **British United States of America** subsidiary came in and **reconstructed** things, and **replaced** the original **States of America** with its own **Territorial States of America** it committed **fraud**; and, when it set up its own **Territorial States** like the **Georgia State,** to manage **our international land jurisdiction**, it committed **fraud again.**

This is a **Bait and Switch** scheme. The original **States of America appear** to be operating — but they are not: cuckoos are being **substituted** for wrens. The **British Territorial United States subsidiary does** have a **constitutional contract**, but it is to provide **Territorial** government services, not **National** government services. The swindlers back in the 1860's contrived to provide and control **both.**

Take home messages: (1) the **British Territorial United States subsidiary** doing business "in the name of" **The United States of America** is functioning as an **interloper** with a **limited services contract** which it **expanded without granted authority**. (2) It has been on our shores since **1791** and operating **illegally** since at least **1865**. (3) This is the fault of the **British Crown** and **Bar Associations** and the **British Monarchs** operating in **Breach of Trust.** (4) They have provided a **false narrative** of this history, including a complete **rewrite** of what the **Three Branches of the Federal Government** actually are and how they were meant to work— it had nothing to do with **executive, legislative** and **judicial** functions.

30 Second American History - 40

The **United States of America** (unincorporated) has never been bankrupt. It is a sovereign entity. It is **unincorporated**. It isn't **eligible** for **bankruptcy protection**.

The **British Territorial Subsidiary** choosing to do business under the name **The United States of America, Incorporated** was infringing on **our copyright** and deliberately attempting to confuse itself with **The United States of America** (unincorporated) for the purpose of making **false claims** against the **assets** of the **nation-states** and **people**.

All of this was and is **fraud** committed by **businesses** merely **hired** to provide **government services**. The entire so-called **Reconstruction** is more fraud, as it was not a **reconstruction**, but instead an **unauthorized redefinition** of **names, roles**, and **contractual obligations** vouchsafed only by run amok **employees**. None of it is **honest**, and over time, it has been **allowed to fester** into the looming crisis we face today.

Take home messages: (1) the perpetrators of these acts against us have **contrived** to place **false claims** against the **assets** of the **nation-states and people** of this country for over 100 years. (2) This is an **imminent threat** to our **security** and **peace** that has been caused by **deliberately misdirected** Territorial and Municipal **employees**. (3) We have given **Due Process** to those responsible and **repudiated** the **abuse** of our **delegated powers**. (4) The **International Trustees** who are supposed to make sure that nothing like this ever happens, **Elizabeth II** and **Popes Benedict XVI** and **Francis**, have all been fully informed by our lawful **Head of State** and by **Due Process service** delivered to them by **International Registered Mail**, by recordings at the **Hague**, and by thousands of pieces of **recorded correspondence** with **Territorial Government and Municipal Government Officials**.

30 Second American History - 41

The election of **Donald J. Trump** as **President of the United States of America** (Territorial service provider) and **President of the United States** (Municipal service provider) marks a departure from a long history in which **Bar Association** members have held these offices.

Unlike so many of his predecessors, **Mr. Trump** is actually **qualified** to hold the **land jurisdiction office**, so long as the office is bonded by **The United States of America.**

Accordingly, we extended him the **courtesy** of bonding the **long-vacant office**, and provided him with instructions on other steps necessary for him to assume this office under **The Constitution for the united States of America**.

The **Original Constitution** is the controlling one which creates and binds all the others and which underwrites **The Constitution of the United States of America** and **The Constitution of the United States**. It was fully intended by **The United States of America** that all **three federal subsidiaries** would be served and coordinated by **one President.**

Take home message: (1) **Donald J. Trump** is **eligible** to **bring closure** to the **long-festering criminality** and **violence**. (2) He has been invited and **bonded** to enter into **all three Presidential offices** as originally intended. (3) The **Territorial United States of America subsidiary** needs to stand down and honor **the debt** and **the duty** that it owes the American **nation-states** and **people**. (4) Its assistance in **halting the pillaging** and **repairing the damage** caused by the **Bar Associations** is needed. (5) All this **wrong-doing** and **theft** against the **American nation-states** and **people** has taken place in the **international and global jurisdictions entrusted** to the **federal service providers**; it's up to them to make it right.

30 Second American History - 42

The bankruptcy that began in **1933** of **the United States of America, Inc.** ended **November 7, 1999**.

During the **2000 Presidential Election Florida Chads Scandal**, the capitol of the **Territorial and Municipal United States** was quietly emptied. Only the confused local people remained. Those responsible left the **Ship of State** and pretended that all **assets** were **abandoned** by **parties unknown**: our **great-grandfathers, grandfathers, fathers,** and **ourselves**— **according to them**, we just **disappeared**.

Commander Russell-J:Gould stepped into the gap and **reclaimed** the **Title IV Flag** and the **Post Office** and the **City-State** as **property** rightly **belonging** to the **Priority Creditors** —the purportedly **missing** and **unknown** Americans. **Us.**

Take home messages: (1) there can be no doubt that some **Territorial United States employees** have sought to **destroy** the **limited government** that the **people** of this **country established and ordained**, and that they have acted in **gross breach of trust**. (2) The **fate of our country**, the **continuance of our government**, and the **possession of our flag**s has **often** come down to a **few individuals** who kept watch and who exercised the **individual sovereignty** that our **Forefathers** suffered and died for. (3) Our **country** is **still standing** and **our flag is still flying** because of those few people, **not** because the **service providers** did their **duty**. (4) There are still attempts to undermine **our lawful government** by **corrupt politicians** and **misdirected employees**, and there are still **totally unconscionable acts** being undertaken against **our people** and **false claims** being made against **our assets** — all of which must be **addressed and resolved**.

The foreign governments responsible—the **British Government** and **Westminster** which are responsible for the **Territorial subsidiaries** and the **Holy See** and **Vatican** which are responsible for the **Municipal subsidiaries**—have been given **Due Notice and Due Process** and opportunity to correct **beginning in 1998**.

Benedict XVI began taking immediate action to correct the situation. **Pope Francis** issued his *Moto Proprio* in **2013** to stop the **human trafficking** and make the members of the **Bar Associations** running the **Territorial Court Systems accountable**.

Queen Elizabeth II has also made some meager efforts to correct, but falling far short from taking those actions that are necessary. Those necessary actions include (1) **releasing our land** from any pretense of being held **in trust** for or by the **Territorial Government subsidiaries** or any **Municipal Government appointees** and (2) **releasing our people** from any presumption of being **wards** or **franchisees** or **citizens** of any **Territorial** subsidiary or **Municipal** appointee and (3) directing **British Territorial Government** personnel to stand down and assist us.

Take home message: (1) the **multi-generational fraud scheme** has **cost this country trillions of dollars** and **untold suffering**. (2) We do not expect that those who have committed these **trespasses** have the **means** to give back lives lost or anything else of **value** to their **employers**, but we do expect and demand that these **atrocities end** and that these **practices stop**. (3) The corrupt in-house **Territorial Court System** and its partner in crime, the equally corrupt in-house **MUNICIPAL COURT SYSTEM** have to be brought under control and kept in their limits. (4) The **kidnapping** and **trafficking** of American babies and the **copyrighting** of their Trade Names and all the associated processes that **trespass** upon and **impersonate** them has to end.

30 Second American History – 44

Because **William Belcher** was a sovereign in his own right in **England** and his progeny remain so, because we have the evidence of our **Seals**, our **Coats of Arms**, our **Treaties**, our **Letters Patent**, our **Sovereign Copyhold**, our **Unanimous Declaration of Independence**, our **contracts for service** known as **constitutions**— **our proof** that the **Queen** and her **Territorial Government** is now and has always been operating under our own much-abused **delegated authority** is manifest and correct.

The **Queen** cannot claim that she **conquered** a square centimeter of **our soil**, nor pretend that we were ever engaged in any such contest since **1783**. Neither can she claim that we **abandoned** our **soil or lands**, or that we are an **unknown population** that popped up here like radishes. The actions of the **British Crown** and **Bar Associations** on our shores must be accounted for.

Take home messages: (1) though **guile** and **pretense** may know no bounds, the **Norman Conquest** is still a fact. (2) The **British Territorial Government** has grossly imposed upon our **Good Nature**. (3) Their **United States of America** subsidiary has hidden behind our **Good Name**, carried on **wars for profit** and **accrued debts** that have **nothing to do with us** or our **constitutional service contracts** with them. (4) This same **Federal Subsidiary** service provider has contrived by means of **similar names deceits** and **legal chicanery** to **entrap** and **tax our assets** while holding these assets in **trust** under **false claims of abandonment**. (5) What could not be won by war, has been attempted by fraud— fraud against **friends** and **loyal Allies;** this deserves to be recognized for **what it is** and **resolved** with the permanent **release of all false titles** and **termination of all false trusts** and the **return of our soil** and **our land** and the **rents** and **profits** that should **by rights** be ours.

30 Second American History – 45

When Pope Francis issued his **Moto Proprio** against **human trafficking** in July of 2013, it was a sharp jab at the Queen. The fraud scheme we have described in which **American babies** are being **deliberately misidentified** as **British Territorial citizens** is a war crime being committed against a **Third Party civilian population**. Under **The Geneva Conventions** this is a **capital crime**. Under **The Hague Conventions** it is only allowed when, in fact, the parentage of a child **actually abandoned** on an **actual battlefield** is in doubt.

Our children are not **abandoned** and their **parentage is not in doubt**; it has only been made to appear that way by **dishonest employees** who have attempted to deprive us of our **nationality**, **entrap us** in their **foreign international jurisdiction**, **subject** us to **their laws**, **steal** and **indebt our assets**, and **traffic us** out of our **natural domicile** on the **land and soil** of the **American nation-states** under **conditions of fraud, deceit, non-disclosure,** and **self-interest.**

Take home messages: (1) Just as the perpetrators employed a **formula** of establishing **false titles** and **false trusts**, they have used **false claims of abandonment** and **non-existent war** as their excuse. (2) **Territorial United States** employees, the **British Crown**, and the **Bar Associations** have engaged in both **paper genocide** and **paper human trafficking** on **our soil**. (3) These acts of **paper terrorism** against their own **employers** stand in **gross violation** of their service contracts. (4) No **incorporated entity** can declare actual **war**; they have been indulging in **commercial war** and speaking in **euphemisms** while shedding **our blood**. (5) The federal government service provider **monopoly** created by the **unauthorized control** of **our international land jurisdiction** by the **British Territorial United States of America** subsidiary has been run as a **racketeering syndicate**—literally. (6) The end result of all this is **international crime**, and not a matter of politics at all.

30 Second American History – 46

The Territorial United States doing business as **the United States of America** is a **foreign government services company** acting now under **assumed** contracts **in succession** that cannot be sustained. It is clear and certain that we are **not British** and we are **not citizens**.

As of **April of 2014**, we served our **Civil Judgment**. As of **November 4, 2015** we **re-issued** our **Sovereign Letters Patent** and gave **Notice** to **Pope Francis** and **Queen Elizabeth II**, to end all speculation and controversy regarding the supposed **abandonment** of our soil, our land, and our children. On **November 6, 2015**, we counter-signed **Sovereign Letters Patent** for the **Native American** nations so that these **true Americans** can finally **come home** to the **soil** of their **native land**. We also issued our **Declaration of Joint Sovereignty** with them, so that nobody can mistake our intent.

Take home messages: (1) this situation has festered through **six generations**, yet the **fraud underlying** it all is as **potent** as it **ever was**. (2) Continued **British usurpation** however **disguised** as **concern** or as part of any **mandate** to **protect us** is **insupportable**—especially given the **circumstance** and **practices** revealed. (3) We know those who **love this country** and **its soil** and those **who do not**. (4) The **guilty foreign governments** do **not** include **Russia, China, Iran, Iraq, Libya, Afghanistan, Pakistan, Syria,** or **North Korea**. (5) The **Native Americans** were **never** our **enemies**, either, until **the British Territorial United States of America subsidiary** drove them from their homes, **starved** them, **made false accusations** against them, and **welched** on the **treaty obligations** they were **owed**. (6) The **mode of operation** is **always** the same: **tell lies** about people you **want to steal from**, so you can **justify** your own **criminality and greed**. (7) It is time for this **ugliness** to end.

30 Second American History -47

To fully restore the **land jurisdiction functions** requires the removal of the **false claims** of **British Territorial citizenship** that have been attached to so many Americans, the **assembling of 3141 counties**, and at least a **majority of the nation-states**.

A **Continental Congress** of qualified and duly elected **nation-states Deputies** acting as **Fiduciary Officers** has to be summoned to **Philadelphia, Pennsylvania**, to examine **our accounts**.

This will show that virtually all countries on Earth are in debt to **The United States of America** (unincorporated) and that **most corporations** on **all continents** have been **chartered** under our **delegated authority**.

It will also show that many **trillions of dollars** have been **siphoned off** our economy, that there is no **national debt**, that our own **employees** engaged in vast **counterfeiting** of **Federal Reserve Notes**, and that the **British Territorial United States** is **largely to blame** for all of it.

The **guilty parties** naturally **fear revenge-taking** and **spread** their **fear-mongering**, because they **know** what they **deserve**, what the **law** they have **abused** says they **deserve**, and what **all men agree** they **deserve**. Yet that is **not** what we **propose**; these **evils** were set up by **men long dead**. Their **ghastly shadows** will no longer **reign** over us—any of us, including our **employees**.

Take home message: (1) Rank and file **Americans** must be released from all **false claims** that they are or ever were **British Territorial United States** citizens. (2) The **unincorporated county governments** must be **fully restored**. (3) The **accounts** owed to **The United States of America** have to be **examined**. (4) The rest of the world needs to know **what happened here**. (5) Our true **revenge** is to end the **madness** of **evil men** and **not live** in **their shadows** anymore.

30 Second American History – 48

It is apparent from all the foregoing that our government has **never** disappeared nor **ceased to function**. It simply hasn't done what others have expected it to do, which is **not** an **obligation** of **our sovereignty**.

The **British Territorial United States of America** subsidiary no doubt thought that it was doing a **great thing** for itself by **attacking** our other **service providers**, but it has **backfired** and left them without a **legal** or **moral** leg to stand on.

We do **not** imagine that their **activities** have resulted in our **defense** as we have **never** been under attack. We haven't **gone to war** since the **end** of the **Revolution**. The **Queen** and the **Pope** need to leave **our sleeping dog** alone and **remember** that the **two greatest defeats** the **British** have **ever known** and the **two greatest victories**, were **all** handed to them by **our ancestors.**

The **British Government** and the **British Territorial United States** owe us the **incomprehensible debt** of **our loyalty** to them while they have **failed to honor** their **constitutional limits** and **obligations** to **us.**

Take home messages: (1) an **accounting** is long overdue from our **British Territorial United States** service providers. (2) Instead of us being their **subordinates** and **debtors**, it's **the other way around.** (3) They do **not** have our **permission** to use **our assets** as **collateral** for **their debts**, nor to **hold anything of ours in trust**. (4) We are **home again**, back from being **shanghaied** by our own **employees**. (5) The **American Head of State** has returned. (6) **Mr. Trump** has been invited to enter into the **land jurisdiction office** and assist in **settling the peace** which we are **owed**.

30 Second American History - 49

We are still here. We are still all **sovereigns in our own right** on American soil, just as William Belcher was still a sovereign in his own right standing on the soil of England or any British Colony almost 700 years after William the Conqueror died. **We know who we are**.

We know that we have been grotesquely betrayed, abused, misled, and dis-served by **our own employees**. We know that we have been robbed and defrauded under **color of law**.

We know that our own military, paid for with our labor, staffed by our own sons and daughters, has **failed its duty** to us. We know that most of the politicians elected to serve the Territorial Government in the past 150 years **haven't been worth spitting on**.

We know that we have been **subjected under false pretenses** and under **color of law** to the mercy of **foreign territorial courts** that are **not authorized** to even **address us**.

Those responsible **abandoned** their **Territorial** and **Municipal Capitol** and their **Title IV Flag** in **1999**. They have made **false claims of abandonment** against **our land** since **1953,** after **secretively** using it as **chattel** to back their debts in **1907.** They have made **false and outrageous claims** of **material interest** in **our names** and **estates** and **persons** and **labor** since **1933**, and **continue** to do so **even now**.

Take home messages: (1) **their sins** are as **scarlet**. (2) We have **already paid** and **will pay no more** for the **iniquities of others**. (3) We **captured** the Title IV Flag when they let it **fall face down** in the **muck and rain**. (4) We kept our **Post Office** open. (5) We kept **faith** with our **Forefathers**. (6) We are the **lawful government** of **this country**, not the **hired help**. (7) We claim **our soil, our land, our names, our copyrights** and **everything else** that is **rightfully ours**.

30 Second American History – 50

So aside from the **continuing bad behavior** on the part of our **employees**, why take action now? Because the perpetrators of these schemes have been **spinning off new names** and **titles**, seeking **bankruptcy protection** for themselves, the **whole scam, again**.

Mr. Obama decided to **create** new bogus **Municipal Citizens** to replace the **ESTATE trusts** he falsely claimed as **abandoned property** and **offered** to his **creditors**. Now **American babies** will be **presumed** to be **Public Transmitting Utilities**, using **non-specific** names and only a **middle initial**: SHIRLEY K. SMITH. He **thinks** we are all **fools**.

He **thinks** we are all **asleep**.

Yes, we may be **slow** and **trusting**. We may **give everyone** the **benefit** of a **doubt** and a **second chance** and be **slow to anger**. We may **bear** the **cross** of **our virtues** like **a crown, but….**

Take home messages: (1) these people **don't know when** to **stop**, even **after** they've been **caught**. (2) They've gotten away with their **legal chicanery** and **crooked banking** for **so long** that they **think** it can just go **on** and **on** and **on**, that **no one will notice**, and **nobody will stop them**. (3) They believe that the **Rule of Law** that they **preach** to us will **never be applied** to them. (4) The **Bar Association loves** being able to exercise **British "discretionary powers"** on **American soil**. (5) They sit in the **sanctimonious safety** of what **appears** to be a **public office**—- and **think** it is **never going to stop**. (6) They **think** there is **no end** to the number of **franchises** they can **dream up**, the number of **derivative titles** they can **concoct**. (7) In **England** there are places where the **phony land title descriptions** are **six deep** and **counting**. (8) We call it **fraud** and **calumny**; we also call it **done** and **over**.

An Epilogue - The Queen's Bench

A few days ago I was having a spirited discussion with law students and legal scholars from Canada, Britain, and Australia. Alarmed by the continuing and accelerating abuses of the respective governments against the rights owed to the people, we had all come together to research the actual law and history.

We had an arcane discussion about ancient British Land Law, and then one of the young men attacked me and called me "a pirate" and said that I couldn't possibly be in possession of my sovereign capacity, if I was serving as a land jurisdiction Justice of the Peace in Alaska.

These people are all looking at bringing claims before The Queen's Bench in their respective countries, hoping to receive **Certificates of Release** and exercise their **reversionary trust interest** in their stolen names and estates. They all plan to go to The Queen's Bench for relief—as beggars from the thieves.

The Queen's Bench belongs to the Queen, and though she delegates the day to day responsibility of it to others, there is no doubt that she could in theory show up at court one day, don the right head-piece, hear cases for herself, and for a change, dispense justice and provide remedy to those she has harmed all by herself.

That's what sovereignty is: to be able to exercise your rights and your responsibilities freely.

If you are not free to serve, then you are still a slave.

I am one of those blessed to be a sovereign in my own right.

I know my birth-right. I know what my birth-right cost my ancestors. I know what it has cost me and my family, too.

It's not easy to be ultimately accountable, to accept the responsibilities that go with the rank of Queen— because with every right there are responsibilities. The greater the rank, the greater the responsibility.

And so this is what I had to tell that young man, who was saying how the instant he got his Certificate of Release he was going to head for the woods and hide all the wealth he expects to receive:

My Queen's Bench goes wherever I am.

If my foot is on American soil, I'm Queen. Any chair I sit on will do as my Bench or my Throne. Give me a flat boulder. I'll feel right at home.

I was born with the responsibility to serve my country and my countrymen, just as I was born with the right to assert my sovereignty —and so I am free, as Queen, to serve any office, any time, in any jurisdiction whatsoever that belongs to me.

Why? Because my delegated powers are still mine and I can exercise them with no assistance from the hired help—just like the Queen of England could, if she had the energy and knowledge, go down to the Old Bailey and help sort things out.

A great many Americans and other people throughout the world must get over the idea that it is someone else's responsibility to ensure justice and sanity in the world, and also over the idea that those who serve are servants. They can just as easily be masters.

Indeed, we've already been told the Truth and should know better: the servant is the Master, and the greatest Masters serve most of all. So if you are the Queen or the King, in truth and in fact— you are not only free to serve, you had best get busy and start doing the work.

The key to freedom, as opposed to liberty, is self-governance.

Freedom is what you earn and grant to yourself, while liberty is what a king or queen grants their sailors and soldiers as leave-time.

A great many Americans hear that they are "sovereigns in their own right" and get all puffed up, thinking that this is a great thing and an honor—which it is; however, to earn this honor requires self-sacrifice and service to others. There's a duty attached to the honor.

That duty and responsibility is simple enough: we have to self-govern. We have to mind the shop. We have to get off our duffs, post our public meeting announcements, educate people, hold our elections, and do the things which a "free, sovereign, and independent people" do to earn and preserve their freedom.

Otherwise, pirates appear on our shores, foxes gain access to the hen house and rats eat out the grain stores. There is no way to be both free and idle, no way to rule without responsibility, no honor without duty. You can't just hire someone to govern your country, you have to be a vigilant monarch in your own right and govern your Governors.

You don't allow political parties, the equivalent of rival gangs, to draft and groom and dictate which candidates you can vote for. You use an entirely different process to assess and elect the men that you want holding your purse-strings, and you send them to your own capitol, which happens to be Philadelphia, Pennsylvania, to attend your own version of United States Congress.

A government is more than flags or buildings or monuments to the past. It is more than a long, long list of musty old papers. A government, like a church, is vested in the people who give it life, who believe in its principles and live according to its doctrines and mandates.

So if you believe in **freedom** and **individual sovereignty**, welcome to **The United States of America** and the **nation-states**. If you believe in **liberty** and **majority rule, also known as democracy**, welcome to the **Territorial USA**. And if you want to live as a slave, we even have the option of living under the boot of the **Municipal Oligarchy** established by the members of the **Territorial United States Congress**.

I think I have made my point.

In this as in all things, you get what you choose, what you earn, what you value, what you allow, and in the end, what you deserve.

Nobody can write a fancy piece of paper and stamp it and seal it for me. There is no Certificate of Release that anyone can give me. I'm not naïve enough to think there is.

Remember the scene at the end of *The Wizard of Oz*, where the Scarecrow and the Tin Man and the Lion all get their certificates and awards. The Wizard gives them a piece of paper and suddenly they can think, they can feel, and they can be brave again.

But all Dorothy has to do is click her little heels and say, "There's no place like home." — and there she is, back in Kansas.

Come home, you kings and queens. Click your heels. Lift your heads. What has seemed to be real is only a fraud, a nightmare at times, a dream at others— but in the end, a fraud, and the work it will take to restore your nation-states and lawful government is a small price to pay for the supreme delight of knowing who you are.

If you are a moderately fast adult-level reader, it has taken you maybe an hour to read this little book, and you may still have questions, and yet, you have learned what you really need to know. It's time to make your action plan as a sovereign on American soil, time to choose your duty and serve it well.

Definitions

Acceptance = formal written agreement with respect to an offer or proposal.

Acknowledgement = written admission of awareness, usually followed by an acceptance of some asset or denial of some duty.

Abdication = releasing all right, title, and duty, usually to public office or interest in property.

Allodial = a Lord's title, a grant made to a landlord by a King

Chancery Court = ancient court of equity; deciding interest in assets.

Citizen = a member of a Civil territorial or City-State municipal government obligated to serve it.

Civilian = non-military habitant of a Civil territorial or City-State municipal government owed its services.

Deed = a written record of action taken, especially an agreement about land or caretaking rights.

Delegated Right = an empowerment granted to someone else to exercise for us.

Enumerated = ordered and numbered in a limiting way, imposing restrictions.

Fealty Oath = pledge under God to loyally serve and obey a King.

Foreign Situs Trust = a trust holding assets in foreign jurisdictions, like a foreign ship is held in trust by a Harbormaster while loading and unloading cargo.

Hereditaments = all that is inheritable related to or attached to property, rights, and assets.

Hypothecate = the act of attaching debt to an asset without actually transferring title to it.

Irrevocable Trust = a trust releasing all control or interest in the trust assets on the part of the Donor.

Irrevocable Will = a permanent and unalterable disposition of assets belonging to the Donor, especially a Donor Trust.

Non-Delegated Right = a right retained without limitation in contrast to specific delegated rights.

Matrilineal Republican (state) = agricultural community based on inheritance of soil.

Patriarchal Republic (State) = city-state society based on caste and inheritance of land or title.

Plenary = without limit or restriction.

Plenary Oligarchy = form of government by elites with no limit to their power.

Re-conveyance = transfer back to a former Holder of a deed, debt, credit, name or other asset.

Release = an official document setting one free from a duty or obligation, e.g. a DD214.

"Republican style of government" = constitutional phrase describing the Matrilineal Republican form of government guaranteed to the American nation-states.

Resident = one who only temporarily sojourns, a visitor, especially one performing a professional task or undergoing training or treatment of some kind, as in a medical residency.

Reversionary Trust Interest = a material interest a Donor retains in the assets of a revocable trust.

Revocable Trust = a trust set up in anticipation of a specific condition or occurrence allowing the Donor to dissolve the trust and receive back the assets.

Sovereign Letters Patent = a form of documentation issued by sovereigns declaring an unrestricted interest in actual or intellectual assets.

Testament = a written addition to the New Testament settling one's life estate; an unassailable private common law trust record mandating the disposition of one's assets upon death or disability.

Trust = lawful or legal arrangement by which a **Donor** deposits assets of some kind in the care of a second party, a **Trustee**, for the benefit of a third party, the **Beneficiary**.

Trust indenture = the written description of a trust relationship which establishes the nature of assets held in trust, the trust purposes, and the conditions and restrictions that apply to the trust.

Title IV Flag = the official international flag of the Territorial United States of America as described in Title IV of the United States Federal Code, exercised under our delegated authority, known as the **Stars and Stripes**, having the exact proportion of 1:1.9.

Made in the USA
Las Vegas, NV
01 March 2021